Heksenclub

Dirk Nielandt

Zwijsen

LEES N!VEAU

	ME	ME	ME	ME	ME		
AVI	S	3	4	5	6	7	P
CLIB	S	3	4	5	6	7	8	P

meiden

Toegekend door Cito i.s.m. KPC Groep

1e druk 2011

NUR 286
ISBN 978.90.487.0818.5

© Uitgeverij Zwijsen B.V, Tilburg, 2011
Tekst: Dirk Nielandt
Illustraties: Claudia Verhelst
Vormgeving: Rob Galema

Voor België:
Uitgeverij Zwijsen.be, Antwerpen
D/2011/1919/55

Inhoud

1. Die rotclub

De klas van Luca gaat sporten.
Luca sport graag.
Ze voetbalt graag.
Ze basket als de beste.
Dat vinden veel meisjes stom.
Vooral Joni en Paulien.
Ze zitten bij Luca in de klas.
Het zijn twee vriendinnen.
Ze zijn altijd samen.
Ze hebben altijd de hipste spullen.
Ze scheppen graag op over hun kleren.
Ze gedragen zich als sterren in een film.
Je moet hen bewonderen.
Je moet hen top vinden.
Of je mag hun vriendin niet zijn.
Luca is geen vriendin van Joni en Paulien.
O nee.
Je moet eerst een proef doen.
Je moet iemand beetnemen.
Iemand doen afgaan.
Dan pas mag je je hun vriendin noemen.
Dan pas hoor je bij hun club.
Ze noemen het zelf de Heksenclub.

Vandaag gaan ze met de klas rennen.
Luca rent het snelst van de hele klas.
Ze blijft lang op het sportveld.
De rest van de klas is terug in de kleedkamer.

Als Luca daar binnenstapt, schrikt ze.
Al haar kleren liggen in de wasbak.
Het water stroomt uit de kraan.
Alles is nat!
Drijfnat.
Wat een flauwe grap.
'Wie heeft dat gedaan?' vraagt Luca.
Niemand zegt iets.
Vast een streek van de Heksenclub.

Luca wringt haar kleren uit.
Ze zijn te nat om weer aan te doen.
Er zit niets anders op: ze houdt haar sportkleren
aan.
Luca loopt zo rond op school.
Ze laat haar gewone kleren drogen.
Ze heeft veel bekijks op het schoolplein.
Hier en daar lacht iemand haar uit.
'Wat zie je er leuk uit,' zegt Paulien.
'Wat een leuk bloesje,' lacht Joni vals.
'Wat ben je toch sportief!'
Ze lachen.
Luca loopt door zonder iets te zeggen.
Ruzie maken heeft geen zin.
Dat willen ze juist graag.
Dan kunnen ze je te kijk zetten.
'Stom wicht,' hoort ze achter haar rug zeggen.
Luca draait zich om.
Ze ziet Tien bij Joni en Paulien staan.
Tien is ook een meisje uit haar klas.
Noemde Tien haar een stom wicht?

9

'Wel?' vraagt Tien.
'Ik heb haar kleren nat gemaakt.
Mag ik nu bij de club?'
'Ja hoor,' lacht Joni.
'Nu hoor je bij ons.
Welkom bij de Heksenclub!'
Tien kijkt blij.
Wat slap van haar, denkt Luca.
Alleen maar om bij de club te horen.
Die stomme rotclub!

'Waarom draag jij je sportkleren?' vraagt juf An
in de klas.
Joni draait zich om naar Luca.
Ze kijkt haar streng aan.
Luca is niet bang voor haar.
Toch vertelt ze niet wat ze deden.
Omdat ze niet van klikken houdt.
'Wie veegt het bord?' vraagt juf An.
Joni en Paulien steken hun hand nooit op.
Ze voelen zich te goed om te helpen.
Stel je voor dat er krijt op hun kleren komt.
Dat zou een ramp zijn.
Luca steekt haar hand op.
Ze pakt de vegers en klopt die uit.
Heel dicht bij Joni en Paulien.
Het stof vormt een wolk en valt op hun kleren.
Joni en Paulien kijken geschokt.
Hoe durft Luca?
Luca grijnst en veegt het bord.
Ze ziet niet wat er achter haar rug gebeurt.

Joni giet stiekem water in haar tas.
Al haar schriften zijn nat.
Luca kan wel huilen.
Wat een vuile streek!
Ze begrijpt niet waarom ze zo graag pesten.
Een school waar niet gepest wordt, is toch veel leuker?
Luca wil er iets aan doen.
Ze wil een pestvrije school!

2. Het geheim

Die avond legt Luca haar schriften te drogen.
Ze vertelt het aan haar moeder.
Ze vertelt ook over haar droom: een school waar
niet gepest wordt.
'Waarom kan dat niet?' vraagt mam.
'Omdat die twee graag pesten.
Ze vinden niets leuker.
'Het zijn echte heksen,' klaagt Luca.
'Waarom heksen?' vraagt mam.
'Omdat ze vals zijn.'
Mam zucht en schudt haar hoofd.
'Wat is er?' vraagt Luca.
'Heksen zijn niet vals,' zegt mam.
'Een heks helpt juist andere mensen.'
Luca kijkt haar moeder verbaasd aan.
Wat is dat voor onzin?
'Iedereen weet toch dat heksen vals zijn?'
Mam schudt het hoofd.
'In sprookjes zijn heksen boos.
Niet in het echt.'
Luca lacht.
'Heksen bestaan toch ook niet echt.'
'Toch wel.
Ze hebben altijd bestaan.
Ze bestaan nog.'
Luca gelooft het niet.
'Hoe weet jij dat?
Ben je soms zelf een heks?' lacht ze.

Mam zwijgt en denkt een poos na.
'Het is tijd,' zegt ze dan.
Luca begrijpt er niets van.
'Tijd voor wat?' vraagt ze.
'Tijd om mijn geheim met je te delen.'
'Welk geheim?'
'Ik ben een heks,' zegt mam.
Luca zet grote ogen op.
Mam, een heks?
Kom nou!
'Echt waar,' zegt mam.

Mam neemt Luca mee naar de tuin.
Aan de tuin grenst een groot stuk bos.
Mam neemt haar mee in het bos.
'Waar gaan we heen?' vraagt Luca.
Mam antwoordt niet.
Ze stopt bij een open plek.
Het wordt al donker.
De maan schijnt over het bos.
Luca vindt het eng.
'Hier komen heksen samen bij volle maan.'
'Wat doen jullie dan?'
'Heksen doen aan witte magie.'
'Wat is dat dan?' vraagt Luca.
Mam legt het uit.
'Wij werken met de kracht van de natuur.
We helpen zieke mensen met kruiden.
We helpen hen met wat de natuur ons geeft.'
'Dus je betovert niemand?'
Mam lacht.

'Niet met zwarte magie,' zegt ze.
'Een heks doet niemand kwaad.'
Luca vindt het toch raar.
Waarom vertelt mam dat nu pas?
'Waarom hield je dat geheim?' vraagt ze.
'Omdat de mensen een fout beeld van heksen
hebben.
Jij toch ook?
Jij dacht toch ook dat ze slecht zijn?'
Luca knikt.
Mam glimlacht.
'Ik ging het je ooit wel zeggen, hoor.
Als het juiste moment er was.
Dat moment is er nu.
Je weet nu dat ik een heks ben.'

Luca moet even aan het idee wennen.
Toch raar dat ze het niet wist van mam.
Ook al wordt haar opeens veel duidelijk.
Mam brengt altijd kruidenthee als ze ziek is.
Mam smeert zalf van planten op een wondje.
Mam heeft overal kruiden staan.

Luca zucht.
'Wat is er?' vraagt mam.
'Fijn dat ik weet dat je een heks bent, mam.
Maar de Heksenclub blijft.
Die twee blijven anderen pesten.
Dat is niet leuk.'
Mam glimlacht.
'Misschien kunnen we er iets aan doen.'

14

15

Luca kijkt mam verbaasd aan.
'Met wat kruiden en witte magie!' grijnst mam.
Luca begrijpt het niet.
Wat bedoelt mam daar nu weer mee?

Mam maakt een drankje van kruiden.
Luca helpt haar.
Ze leest het recept voor uit een oud boek.
Mam weegt alles heel netjes af.
Luca vindt het leuk.
'Kan ik ook heks worden, mam?'
'Daar ben je toch mee bezig?' lacht mam.
Luca lacht ook.
'Waar dient het drankje voor?' vraagt ze.
'Dat zul je wel merken,' lacht mam.
Ze doet er heel geheimzinnig over.
'Je moet er een slok van nemen.
Samen met de twee meisjes van de Heksenclub.'
'Wat gebeurt er dan?'
'Dat zal je wel merken.'
Luca vraagt niet door.
Mam wil er niet meer over kwijt.
Het is laat als het drankje klaar is.
Mam stopt Luca onder.
'Droom maar lekker,' fluistert ze.
Luca valt snel in slaap.
Morgen wordt een spannende dag.

3. Het drankje

De volgende dag is Luca al vroeg wakker.
Ze maakt zich klaar om naar school te gaan.
Benieuwd of het plan zal lukken.
Op school zoekt Luca de twee meisjes op.
'Hoi,' zegt ze lief tegen Joni en Paulien.
De twee kijken haar aan alsof ze gek is.
'Zijn je kleren al droog?' grijnst Joni vals.
Luca knikt.
'Mag ik ook bij de Heksenclub?' vraagt ze.
'Jij?' roepen Joni en Paulien verbaasd uit.
Ze geloven hun oren niet.
'Wil je onze vriendin worden?' vraagt Joni.
Luca knikt.

Joni en Paulien kijken elkaar aan.
Dan haalt Joni de schouders op.
'Waarom ook niet,' grijnst ze.
'Als je bewijst dat je het waard bent!'
'Zeg maar wat ik moet doen,' zegt Luca.
'Ze meent het,' lacht Paulien.
'Dan krijgt ze een leuke proef,' zegt Joni.
De twee meisjes denken even na.
'Ik heb een idee!' zegt Joni.
'Anka is een suf kind,' zegt ze.
'Stop een kikker in haar schooltas!'
Luca kijkt haar vol afschuw aan.
'Dat is vies,' zegt ze.
'Dat is ook de bedoeling,' zegt Joni streng.

'We laten haar lekker schrikken.'
Luca zucht.
'Je durft niet, hè?' vraagt Paulien.
Luca heeft er inderdaad geen zin in.
Ze wil Anka niet voor schut zetten.
'Ook goed,' zegt Joni bits.
'Ik wist wel dat je niet zou durven.'
Joni en Paulien draaien zich om.
Ze gaan met hun rug naar Luca staan.
Alsof ze lucht is.
'Nee, ik doe het, hoor,' stamelt Luca.
Joni en Paulien draaien zich weer om.
Ze kijken Luca vals aan.
'Een kikker, hè,' zegt Paulien.
'Een vieze, stinkende kikker!'
Luca haalt het drankje uit haar schooltas.
'Eerst een slokje,' zegt ze.
Ze neemt een slok van het kruidendrankje.
'Wat is dat?' vraagt Joni.
'Een heksendrankje,' glimlacht Luca.
Ze geeft het flesje aan Joni.
Die neemt er ook een slok van.
Paulien ook.
'Lekker,' zegt ze.
Luca glimlacht.
Ze is benieuwd wat er nu gaat gebeuren.
Mam had gezegd dat ze alle drie moesten
drinken.
Dan zou het gebeuren.
Mam zei niet wat er zou gebeuren.
'Dat zal je wel zien,' zei ze.

Luca wacht af of er iets gebeurt.
Spannend.
Misschien worden ze heel lief.
Misschien gebeurt er een wonder.
Misschien houdt mam haar voor de gek.
Misschien is het maar onzin.
Er gebeurt niets.
Niets, niets, niets.
'Wel, waar wacht je op?' vraagt Joni.
'Begin er maar aan,' zegt Paulien streng.
'Ga een kikker zoeken!'
Luca kijkt sip.
De kruiden doen niets.
Zou mam liegen?
Luca begrijpt er niets van.
Ze loopt naar de sloot.
Daar zitten vast kikkers.
Ze houdt niet van kikkers.
Ze wil Anka ook niet laten schrikken.
Een kikker in je tas is niet leuk.
Iedereen zal haar uitlachen.
Het pesten moet juist stoppen!
'Kwaak,' hoort ze opeens.
Er zit een kikker aan de kant van de sloot.
Dan schrikt ze.
Van het schoolplein klinkt een luide gil.

4. Klas op stelten

Luca draait zich om.
Ze kijkt naar Joni en Paulien.
De twee gillen de hele school bij elkaar.
Iedereen kijkt hun kant op.
Waarom gillen ze zo?

Opeens springen ze recht overeind.
Ze springen wild in het rond.
Ze zwaaien met hun armen.
Het lijkt of ze gek zijn.
Het lijkt op een dans.
Ze blijven gillen alsof de wereld vergaat.
Wat is er toch mis met die twee?
Zou het drankje van mam hun jeuk geven?
Springen ze daarom zo wild rond?

Luca schrikt.
Ze ziet opeens wat er mis is.
Er zit een kikker op het hoofd van Joni.
Een hele dikke.
Hij brult luid.
De rest van de school ziet het ook.
Iedereen lacht.
Uit haar mouw komt nog een kikker.
Die kruipt op haar arm naar boven.
Bij Paulien gebeurt het ook.
Uit de hals van haar trui kruipt een kikker.
Het ziet er echt smerig uit.

Joni en Paulien gillen van afschuw.
Iedereen ligt dubbel.
Het schoolplein staat op stelten.
Wat een vreemd schouwspel!
Het lijkt wel een droom.
Waar komen die kikkers vandaan?
Hoe komen ze in hun kleren?
Luca begrijpt er niets van.

Ze heeft met de twee meisjes te doen.
Kan ze hen niet beter helpen?
Ze rent op hen af.
Ze jaagt de kikkers van hun hoofd af.
Ze veegt de kikkers van hun arm.
De meisjes stoppen met gillen.
De kikkers springen kwakend weg.
Ze haasten zich naar de sloot.
Iedereen kijkt nog naar de meisjes.
Hier en daar lacht nog iemand.
Het was ook een gek gezicht.
Raar dat er kikkers uit hun kleren kruipen.
Uit hun dure kleren nog wel.
Joni en Paulien voelen zich te kijk gezet.
Ze schamen zich.
Ze durven niet rond kijken.
Ze voelen alle blikken.
'Gaat het?' vraagt Luca.
Ze kijken haar boos aan.
'Heb jij dat gedaan?' sist Joni boos.
Luca kijkt hen verbaasd aan.
'Waarom zou ik?' vraagt ze.

'Om het ons betaald te zetten.'
'Ik heb het echt niet gedaan,' zegt Luca.
'Hoe zou het ook kunnen?
Ik kan die toch niet in je kleren stoppen?
Dat zou je toch gemerkt hebben?'
Joni en Paulien weten dat ze gelijk heeft.
'Hoe kwamen die kikkers in je kleren?
Hebben jullie ze meegenomen naar school?'
'Ben je gek!' zegt Joni boos.
Ze begrijpen er ook niets van.
Raar!

Hopelijk stoppen ze nu met pesten, denkt Luca.
'Willen jullie nog dat ik Anka beetneem?'
'Ja hoor,' zegt Paulien.
'Maar één kikker is niet erg genoeg.
Stop er tien in haar schooltas!'
'Tien?' vraagt Luca bang.
'Nee, twintig!' zegt Paulien bits.
Dan draaien de meisjes zich om.
Ze lopen weg.
Ze doen alsof ze de blikken niet zien.
Maar iedereen ziet dat ze zich schamen.
Ze haasten zich naar binnen.
Dan gaat de bel.
Tijd om naar de klas te gaan.
Luca zucht.
Ze heeft geen zin om kikkers te vangen.
Ze wil Anka niet beetnemen.
Ze baalt.

'Hop naar de klas!' zegt juf An streng.
Luca staat op een leeg schoolplein.
Iedereen is al naar de klas.
'De les begint,' zegt juf An.
Luca rent naar de klas.
Iedereen zit al op z'n plaats.
Juf An gaat voor de klas staan.
Joni en Paulien zitten helemaal vooraan.
Ze schamen zich nog.
'Wat was dat buiten?' vraagt juf An.
Joni en Paulien zwijgen.
Ze durven er niet over te praten.
Het was vreselijk.
Ze hebben zich belachelijk gemaakt.
Zo voelen ze dat ook eens, denkt Luca.

Juf An dringt niet aan.
'Pak allemaal je schrift,' zegt ze.
Iedereen opent zijn tas.
Dan klinkt weer een luid gegil.
Niet alleen van Joni en Paulien.
Ook juf An gilt mee.
'Kikkers!' gilt ze.
Ze springen uit de tassen van Joni en Paulien.
De ene na de andere springt eruit.
Ze springen kwakend door de klas.
Het zijn er wel tien.
Ze blijven uit de schooltas komen.
Anka pakt een kikker op.
'Wat een lief beest,' lacht ze.
Luca begrijpt er niets van.

24

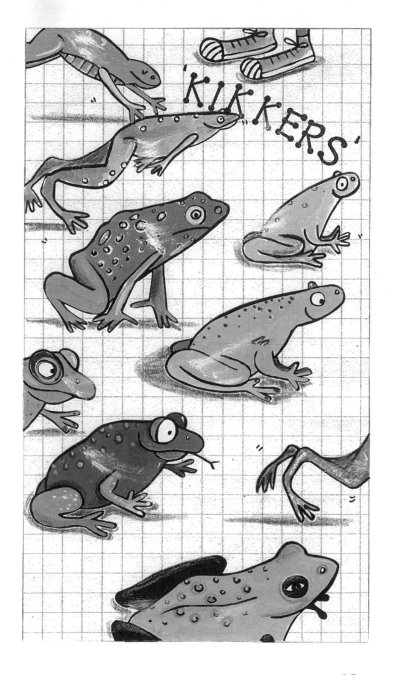

Wat bezielt hen om die mee te nemen?
Ze telt twintig kikkers.
De klas staat op stelten.
Er wordt gelachen en gegild.
Het kabaal is door de hele school te horen.
Even later gaat de deur van de klas open.
Meneer Ward kijkt boos naar binnen.
Hij is de baas op school.
De kikkers vluchten de klas uit.
Ze springen door de gang.
'Wie heeft die kikkers vrijgelaten?' vraagt meneer
Ward boos.

Joni en Paulien krijgen flink op hun donder.
Ze moeten alle kikkers vangen.
Wat balen ze daarvan!
Juf An is ook heel boos.
Ze vindt het een flauwe grap.
Joni en Paulien krijgen een uitbrander.
De twee meisje schamen zich rot.
Heel de school lacht hen uit.
Zelfs de meisjes van de Heksenclub.
Tijdens de pauze staan ze alleen.
Niemand gaat in de eetzaal bij hen zitten.

Luca vindt het stiekem wel leuk dat ze afgaan.
Eigen schuld, denkt ze.
Toch voelt het alsof ze hen moet troosten.
Ze wil bij de meisjes gaan zitten.
Alsof een vreemde kracht haar naar hen trekt.
Luca gaat bij hen aan tafel zitten.

'Waarom hadden jullie kikkers meegenomen?'
vraagt ze.
'Wij hadden ze niet meegenomen,' zegt Joni.
'Iemand heeft die in onze tas verstopt.
Iemand pest ons.'
Ze kijken rond.
'Ze zijn jaloers op ons,' zegt Joni.
'Omdat we zo mooi zijn.
Omdat we zulke mooie kleren hebben.
Omdat we zo hip zijn.'
Wat een opscheppers, denkt Luca.
Maar ze zwijgt.
'Stoppen jullie nu met pesten?'
Ze kijken Luca verbaasd aan.
'Waarom zouden we?' vraagt Paulien.
'Dus jullie willen nog dat ik Anka ...?'
'Nee, geen kikkers meer!' zegt Paulien.
'Anders krijgen wij de schuld.'
'Wat willen jullie dan dat ik doe?'
'Modder,' lacht Joni.
'Zorg dat Anka in een plas modder valt.'
Paulien schiet in een lach.
'Goed idee,' schatert ze.
'Ze moet onder de modder zitten.
Iedereen moet haar uitlachen.'
Luca aarzelt.
'Wil je dat doen?' vraagt Paulien.
'Goed,' zucht Luca.
'Dan word je erelid van onze club,' zegt Joni.
'Dat wordt lachen,' zegt Paulien.
Luca wil het liever niet doen.

Toch zegt ze 'ja'.
Alsof iemand anders dat zegt.
Alsof ze haar stem niet meer de baas is.
Ze vindt het heel vreemd.
Zou dat door mams drankje komen?
Is ze door mam behekst?

'Veel succes,' zegt Paulien.
De twee staan op en gaan naar buiten.
Ze gaan door de deur van de eetzaal.
Dan gebeurt het.
Luca gelooft haar ogen niet.

5. Modder

Joni en Paulien gillen.
Iedereen in de eetzaal kijkt naar hen.
Ze staan op het schoolplein.
De modder druipt van hen af.
Ze zitten van top tot teen onder de modder.
Alsof er iemand met een kanon modder schoot.
In de eetzaal barst luid gelach los.
Iedereen lacht de twee meisjes uit.
Het is ook een grappig gezicht.
Zelfs Luca lacht mee.

Arme meisjes, denkt ze later.
Hoe kon dat gebeuren?
Ze gaat kijken.
Er reed een wagen over het schoolplein.
Net toen de twee naar buiten kwamen,
reed hij door een plas modder.
De modder spatte op.
Alles kwam op de twee meisjes terecht.
Joni en Paulien kunnen wel huilen.
Dit is het ergste wat hun ooit overkwam.

'Kom mee,' zegt Luca.
'Waarheen?' vraagt Joni.
'Naar de kleedkamer.
Daar kun je douchen.'
'We hebben geen droge kleren bij ons.'
'Je hebt toch sportkleren?

Die moet je dan maar aandoen.'
Er zit niets anders op.
Ze volgen Luca naar de kleedkamer.
In de eetzaal heerst nog dolle pret.
Niemand vindt het erg wat de meisjes is
overkomen.

Wat later lopen de twee weer over het plein.
Ze dragen hun sportkleren.
Net als Luca gisteren.
Iedereen kijkt hen na.
Er wordt gelachen.
Zelfs meiden van de Heksenclub lachen hen uit.
Tien kijkt Joni spottend aan.
Joni wordt heel boos op Tien.
'Hoe durf je mij uit te lachen?' roept ze.
'Je hoort niet meer bij de club!'
Tien haalt haar schouders op.
'Kan me niet schelen.
Ik hoef niet meer bij je club.'
Ze loopt weg.

Joni is woedend.
Ze kijkt Luca aan.
'Wil jij nog bij de club?' vraagt ze.
Luca knikt.
'Dan wil ik dat je het Tien betaald zet.
Ik wil dat je haar luizen bezorgt.'
'Luizen?' vraagt Luca.
'Waar haal ik die?'
'Dat kan me niet schelen.

Maar ik wil dat ze een hoofd vol luizen heeft.
Dat ze zich suf krabt van de jeuk.'
Paulien grijnst en knikt.
'Dat zal haar leren om ons te verraden.'

De bel gaat.
Iedereen keert terug naar de klas.
Joni en Paulien komen als laatste binnen.
'Wat een leuke bloes,' zegt Tien.
De hele klas lacht.
Joni en Paulien schamen zich rot.
Ze gaan op hun plaats zitten.
Maar dan begint het ...
Eerst begint Joni in haar haar te krabben.
Dan Paulien.
Ze krabben met beide handen.
Juf An kijkt hen boos aan.
'Doe eens normaal!' zegt ze streng.
Joni en Paulien stoppen met krabben.
Maar dan trekt Joni een rare bek.
Paulien ook.
Ze bijt op haar tanden.
Het jeukt zo.
Ze beginnen weer te krabben.
Juf An wordt er kriegel van.
'Stel je niet zo aan!' zegt ze kwaad.
Joni en Paulien krabben nu ook op hun arm.
Op hun benen.
Op hun buik.
Ze vergaan van de jeuk.
Opeens gilt Anka, die achter de twee zit.

Ze wijst naar Joni en Paulien.
'Luizen!' roept ze.
'Ze zitten vol luizen!'
Joni en Paulien schrikken.
Hebben ze luizen?
Wat smerig!
Ze kijken naar hun handen en ja hoor: overal
luizen.
Bah!
Ze stormen luid gillend de klas uit.

Luca krijgt een vermoeden.
Alles wat de meisjes een ander willen aandoen,
overkomt hun zelf.
Luca wil er het fijne van weten.
Ze vraagt de juf of ze naar de meisjes mag.
Dat mag.
Luca rent achter Joni en Paulien aan.
Die zitten op het schoolplein te huilen.
Ze zijn van slag.
Kikkers, modder, luizen.
Ze begrijpen er niks meer van.
Luca gaat bij de twee meisjes staan.
'Gaat het?' vraagt ze.
'Nee, natuurlijk niet,' zegt Joni boos.
'Dit is de ergste dag van mijn leven.'
Paulien kijkt Luca boos aan.
'Weet je wat ik denk?' zegt ze.
'Dat het jouw schuld is!'
'Mijn schuld?' vraagt Luca verbaasd.
Paulien knikt.

33

'Alle ellende begon toen jij bij de club wou.
Elke opdracht die we jou gaven, ging fout.
Volgens mij ben jij een heks!'
'Jullie zijn toch de heksen?' zegt Luca.
'Jullie zijn baas van de Heksenclub.'
'Dat heeft er niks mee te maken,' zegt Joni.
'Je bent een heks.
Je bent een rat.
Ik wens dat je een rat wordt!'
Dan gebeurt het.
Joni verandert opeens in een rat.
Luca en Paulien schrikken heel erg.
Joni zit als rat naast Paulien.
'Help! Een rat!' schreeuwt Paulien.
Ze rent gillend weg.
Luca pakt de rat op en kijkt die in de ogen.
'Ben jij Joni?' vraagt ze.
De rat snuffelt bang aan haar hand.
Luca besluit de rat mee naar huis te nemen.

6. Behekst

Luca laat thuis de rat aan mam zien.
Mam glimlacht.
'Dat is niet om te lachen, mam,' zegt Luca.
'Dat is heel naar voor Joni.
Ik denk niet dat het leuk is om rat te zijn.'
'Dat weet je toch niet?' lacht mam.
'Misschien is het heel leuk.'
Luca schudt het hoofd.
'Dat denk ik niet,' zegt ze.
'Het is ook al laat.
Joni had allang thuis moeten zijn.
Wat zullen haar mama en papa zeggen?
Misschien geven ze haar wel op als vermist.'
Mam haalt haar schouders op.
'Ik kan er ook niets aan doen,' zegt ze.
Luca kijkt mam streng aan.
'Je kunt er wel iets aan doen.
Het komt door jouw drankje, mam.
Jij hebt de meisjes behekst!'
Mam schudt het hoofd.
'Het is hun eigen schuld,' zegt ze.
'Ze moeten stoppen met pesten.
Ze moeten stoppen met anderen uit te lachen.
Hun ellende stopt pas als ze dat leren.'
'Maar die arme Joni!
Ze is nu een rat.
Kun je haar weer normaal toveren?'
Mam zucht en pakt de rat in haar hand.

Ze kijkt in de oogjes van het dier.
'Heb je je lesje al geleerd?' vraagt ze.
De rat kijkt heel sip.
'Ik denk het wel,' zegt Luca.
'Ze heeft haar lesje vast geleerd.
Ze stopt nu wel met pesten.'
Mam zet het dier op de tafel.
Ze pakt een potje met kruiden.
Ze houdt de kruiden voor de kop van de rat.
'Snuffel hier maar eens aan!'
De rat ruikt aan de kruiden.
Floeps!
Plots staat Joni op de tafel.
Ze schrikt heel erg.
'Wat doe ik hier?' stamelt ze.
Luca wil het uitleggen.
Maar Joni beseft het opeens.
Het was geen droom.
Ze was een rat.
Ze vlucht weg.
Ze rent bang naar buiten.
'Jullie zijn heksen,' roept ze.
'Echte heksen!'
Weg is ze.

Mam lacht.
'Die komt wel thuis,' zegt ze.
Dan begint ze de keuken op te ruimen.
Alsof er niets gebeurd is!
Luca kijkt mam verbaasd aan.
'Dat is toch niet normaal, mam!' roept ze.

'Waarom niet?' vraagt mam kalm.
'Al dat gedoe vandaag.
Alles wat die meisjes overkomt.
Kikkers uit je mouw en luizen in je haar.
In een rat veranderen.
Dat is toch niet normaal!'
Mam kijkt Luca ernstig aan.
'Dat is inderdaad niet normaal,' zegt ze.
'Maar zoals die meisjes pesten ...
Dat is ook niet normaal.
Iemand moet hun dat leren.
Daar wordt iedereen beter van.
Die twee meisjes zelf ook.'
'Maar wanneer stopt het dan?'
'Zodra zij stoppen met pesten!'
Daarmee is voor mam de zaak klaar.
Ze wil er niets meer over horen.

De volgende dag gaat Luca vroeg naar school.
Ze maakt zich zorgen.
Joni en Paulien weten nu dat mam een heks is.
Een echte heks.
Stel dat ze dat rond bazuinen!
Dat zou vreselijk zijn.

Joni en Paulien zijn al op school.
Ze staan samen te praten.
Ze dragen weer hippe kleren.
Ze hebben geen luizen meer.
Alles lijkt weer bij het oude.
Luca stapt op hen af.

Hopelijk hebben ze hun lesje geleerd, denkt ze.
'Hallo,' zegt Luca vriendelijk.
Ze kijken haar boos aan.
'Je bent een heks,' sist Paulien.
'Je moeder ook,' zegt Joni boos.
'Jullie zijn echte heksen.'
Luca wil zeggen dat het haar spijt.
Ze wil alles uitleggen.
Maar de meisjes geven haar geen kans.
Ze kijken haar boos aan.
'We gaan het aan iedereen zeggen,' zegt Joni.
'Iedereen zal weten dat je mam een heks is.
De hele school.
Ze zullen je ermee pesten.
Dat is je verdiende loon!'
Luca wil hun smeken om dat niet te doen.
Maar de meisjes stappen op Tien af.
'Moet je nu eens horen, Tien ...' zegt Joni.
'Wat?' vraagt Tien.
'De mam ... is een heks.'
Tien kijkt haar verbaasd aan.
Wat zegt Joni nu?
'Wat zei je?' vraagt ze.
'Dat de mam ... een heks is.'
'De mam van wie?'
'De mam van ... van ...'
Joni komt niet uit haar woorden.
Ze stamelt en mompelt.
Ze wil 'Luca' zeggen, maar dat lukt niet.
Opeens zegt ze: 'Paulien.
De mam van Paulien is een heks!'

'De mam .... is een heks.'

'De mam van .... van ....'

Tien en Paulien kijken haar raar aan.
Paulien wordt heel boos.
'Wat zeg je nu?' roept ze.
'Dat je moeder een heks is.'
'Niet waar,' roept Paulien kwaad.
'Jouw moeder is een heks.
Ze heeft je in een rat veranderd.'
Joni kijkt haar vriendin boos aan.
Tien begrijpt er niets van.
Luca hoort het ook.
Zij weet wel wat er gebeurt.
Het drankje is nog niet uitgewerkt.
Alles wat ze een ander willen aandoen, overkomt
hun zelf.

'Je moeder is een heks,' roept Joni.
'Nee, jouw moeder!' roept Paulien.
De twee meisjes vliegen elkaar naar de keel.
Ze krabben en trekken aan elkaars haar.
Ze rollen roepend en vechtend over de grond.
Iedereen komt eromheen staan.
Iedereen wil de twee zien vechten.
Juf An trekt hen uit elkaar.
'Zijn jullie gek geworden?' roept ze kwaad.
'Het is de schuld van Paulien!' roept Joni.
'Nee, Joni is begonnen!' roept Paulien.
De twee willen weer beginnen met vechten.
Juf An stuurt ze naar meneer Ward.

Daarna praat de hele school over de twee.
Luca doet er niet aan mee.

Ze vindt het zielig voor Joni en Paulien.
Ze krijgen vast strafwerk.
Iedereen roddelt over hen.
Iedereen lacht hen achter hun rug uit.
Dat is niet leuk.
Luca denkt aan wat mam zei: het stopt pas als ze
zelf stoppen.
Ze doen het zichzelf aan.
Maar zullen ze dat ooit leren?
Kunnen ze wel stoppen met pesten?
Er zal niets anders op zitten.
Hun leven op school is nu een hel.
Ze voelen hoe het is om gepest te worden.
Ze voelen hoe het is als je wordt uitgelachen.
Ik moet het hun zeggen, denkt Luca.

7. Help!

De bel gaat.
Iedereen moet naar de klas.
Juf An begint les te geven.
Joni en Paulien komen veel later binnen.
Ze gaan braaf op hun plaats zitten.
Ze kijken heel sip.
Er wordt geen woord meer over de ruzie gezegd.
Het wordt weer pauze.
Joni en Paulien moeten in de klas blijven.
Ze moeten strafwerk schrijven.

Luca blijft nog even zitten.
'Gaat het?' vraagt ze.
Ze schudden het hoofd.
'We doen alles fout,' zucht Joni.
'Het is die betovering,' zegt Paulien.
'Je moeder heeft ons betoverd.'
'Wil je de betovering stoppen?' vraagt ze.
'Dat kan ik niet,' zegt Luca.
'Waarom niet?'
'Dat moeten jullie zelf doen.'
'Hoe?' vraagt Paulien verbaasd.
'Door te stoppen met anderen te jennen.
Door te stoppen met slechte dingen te wensen.
Door een einde te maken aan dat gepest.'
Ze kijken haar verbaasd aan.
Het lijkt of ze haar niet begrijpen.
'Probeer gewoon om lief te zijn,' zegt Luca.

'Probeer anderen te helpen.
Dan merk je wel dat het stopt.'

Even later zit iedereen weer in de klas.
'Wie veegt het bord?' vraagt juf An.
Joni en Paulien zien hun kans om te helpen.
Ze steken beiden hun hand op.
Juf An glimlacht.
'Dat is lief,' zegt ze.
Maar ook Tien steekt haar hand op.
'Mag ik het bord vegen?' vraagt ze.
'Doe maar, Tien,' zegt de juf.
Joni en Paulien balen.
'Wij hadden het eerst gevraagd!
Zij speelt vals!' roept Paulien boos.
Joni wil op Tien schelden.
Dat gaat fout, denkt Luca.
'Niet doen!' wil ze nog roepen.
Maar het is al te laat.
'Je bent een kwal!' zegt Joni boos tegen Tien.
Iedereen kijkt Joni vol afschuw aan.
Niet om wat ze zegt.
Maar omdat er een kwal op haar hoofd ligt.
Het ziet er vreselijk uit.
Joni tast op haar hoofd en voelt de kwal.
Ze voelt de vieze blubber.
Ze gilt luid.
Luca zucht en schudt het hoofd.
De hele klas staat weer op stelten.
'Bah, een kwal!'roept iedereen door elkaar.
'Een kwal op haar hoofd!'

Juf An klapt streng in de handen.
'Iedereen rustig!' roept ze.
'Ga zitten!'
Het wordt weer rustig.
Joni gooit de kwal in de vuilnisbak.
Juf An kijkt haar boos aan.
'Ik ben het beu,' zegt ze.
'Ik heb het gehad met jullie.
Terug naar de directeur!
Nu!'

Joni en Paulien vertrekken meteen.
Ze balen.
Nu gaan ze nog meer straf krijgen.
Ze pakken het verkeerd aan, denkt Luca.
Ze doen het helemaal fout.

Na school wacht Luca hen op.
Ze loopt met hen mee tot de bushalte.
'Krijgen jullie straf?' vraagt ze.
Paulien knikt.
'We moeten morgen nablijven,' zucht ze.
'Onze ouders moeten op gesprek komen.
Dat belooft niets goeds.'
'Jullie doen het fout,' zegt Luca.
'Je moet stoppen met anderen uit te schelden.
Probeer iets liefs te zeggen.'
Ze kijken Luca verbaasd aan.
'Denk je dat het zo eenvoudig is?'
'Ja,' zegt Luca.
'Probeer het maar.'

'Hoe?' vraagt Joni.

'Zeg tegen elkaar hoe mooi je elkaar vindt.'

Ze kijken Luca vreemd aan.

'Dat is toch stom,' zegt Joni.

Luca zucht.

Ze geeft het op.

Het is hopeloos met die twee.

'Laat dan maar,' zegt ze.

'Dan moet je het zelf weten.'

Ze draait zich om en vertrekt.

'Je haar zit leuk,' hoort ze opeens zeggen.

Het is Joni.

'Echt hoor,' zegt ze tegen Luca.

'Je haar zit heel leuk.'

'Dank je,' zegt Luca.

'Jouw haar ook!'

Paulien kijkt verbaasd naar Joni.

'Gossie, ja,' zegt ze.

'Je haar zit opeens heel leuk.'

Opeens lijkt het of Pauliens haar verandert.

Het zit opeens veel leuker.

Alsof ze het net gekamd heeft.

Luca schiet in een lach.

'Dat is het,' lacht ze.

'Wat?' vragen Joni en Paulien samen.

'Je moet leuke dingen zeggen over een ander.

Dan overkomt je ook iets leuks.'

Zou het? denken Joni en Paulien.

'Het is het proberen waard,' zegt Paulien.

Paulien ziet een dame met een hondje.

'Wat hebt u een lief hondje, mevrouw,' zegt ze.

De dame is daar heel blij mee.

Ze is dol op haar hondje.

'Het is een mooi beestje,' zegt Joni.

'Heel schattig.'

De dame glimt van trots.

Ze vindt de meisjes heel lief.

'Ik trakteer jullie op een ijsje,' zegt ze.

Ze neemt hen mee naar de ijsman.

Daar kiezen de meisjes twee bollen ijs.

'Smaakt het?' vraagt de ijsman.

'Heerlijk,' zegt Joni.

'Ik heb nog nooit zo'n lekker ijsje gegeten.'

'Meen je dat?' vraagt de ijsman.

Joni knikt.

'Dat doet me heel veel plezier,' zegt de man.

'Ik ben zo trots op mijn ijs.

Ik doe mee aan een wedstrijd: het lekkerste ijs
van de wereld.

Ik zoek kinderen die mijn ijs willen proeven.

Het moeten er heel veel zijn.

Ze mogen gratis ijs proeven.

Daarna moeten ze een paar vragen
beantwoorden.

Dan leer ik welke smaken favoriet zijn.'

De meisjes kijken elkaar aan.

Ze hebben alle drie hetzelfde idee.

Als die ijsman morgen eens naar school kwam?

Gratis ijs voor iedereen.

Dat zou een feest zijn!

8. Feest!

De volgende dag is het feest op school.
De ijsman komt met een volle ijskar.
Hij gaat op het schoolplein staan.
Iedereen krijgt gratis ijs.
Alle kinderen mogen proeven.
Zoveel ze maar willen!
Hij heeft heel veel smaken.
Er staat een lange rij.
Niemand wil het ijs missen.
Daarna beantwoordt iedereen de vragen.
Iedereen kiest de lekkerste smaak.
De ijsman is heel blij.
Zo weet hij wat de kinderen het lekkerst vinden.

Iedereen doet mee.
Iedereen vindt het leuk.
Juf An en meneer Ward ook.
Wat een feest!
Niemand is nog boos op Joni en Paulien.
Ze moeten geen strafwerk meer schrijven.
Ze horen er weer bij.
Ze doen ook heel lief tegen iedereen.
Het is gedaan met pesten en plagen.
Met de baas spelen.
Met zich aan te stellen.
Ze hebben hun les wel geleerd.
Ze willen op een leuke manier vrienden maken.
Ze willen het leuk maken op school.

Ze wensen alleen goede dingen voor een ander.
Ze lachen niemand meer uit.
Ze pesten niemand meer.
Een pestvrije school!
Zo is de school een leuke plek.
Zo is het elke dag feest op school.

De Heksenclub blijft bestaan.
Maar alleen voor lieve heksen.
Iedereen die wil, mag bij de club.
Ze komen samen in de tuin van Luca.
Dan maken ze thee.
Ze bakken taart en kruidkoek.
De mam van Luca leert hen alles over kruiden.
Ze leert hoe je er kwaaltjes mee geneest.
Ze leert wat er helpt bij pijn.
De Heksenclub wordt een leuke club.
Ze helpen waar het kan.

Luca, Paulien en Joni worden drie vriendinnen.
Heel goede vriendinnen.
Ze zijn vaak samen.
Dan drinken ze kruidenthee.
Dan lachen ze samen heel wat af.
Ze hebben ook wat meegemaakt.
Kikkers uit je mouw.
Luizen in je haar.
Modder op je hele lichaam.
In een rat veranderen.
'Hoe vond je het als rat?' wil Luca weten.
Joni denkt erover na.

'Niet zo leuk,' zegt ze.
'Maar ik heb er wel iets van geleerd: ik jaag een
rat nooit meer weg.
Wie weet is het een behekst kind!'

Lees deze Zoeklicht-boeken ook:

Pieke zoeks haar vader

Pieke is elf jaar, zit in groep acht en heeft een
beugel. Ze heeft twee moeders en haar beste
vriendin is Lotje. Heel gewoon vindt ze zelf.
Alleen weet ze niet wie haar vader is en dat vindt
ze helemaal niet gewoon. Pieke is vastbesloten
haar vader te vinden. Hij blijkt in het uiterste
puntje van Schotland te wonen, op een eiland.
Zal Pieke haar vader vinden? En zal hij wel een
leuke vader zijn?

De tanden van Dooie Pier

Sibbe vindt een zakje met tanden en kiezen.
Mensentanden!
Niet in een graf, maar zomaar in hun schuur.
Ergens loopt een moordenaar rond.
Maar niemand gelooft dat, want er is geen lijk.
Dus moet Sibbe zelf de dader vinden!
Hij gaat op onderzoek uit.
Maar dan vindt de moordenaar hém ...